El poder de la oración y la fe

Efigenia Fernández Zúñiga

ISBN: Tapa Blanda   978-1-5065-0262-5
                  Libro Electrónico   978-1-5065-0323-3

Información de la imprenta disponible en la última página.

Fecha de revisión: 24/04/2015

Para realizar pedidos de este libro, contacte con:
Palibrio
1663 Liberty Drive
Suite 200
Bloomington, IN 47403
Gratis desde EE. UU. al 877.407.5847
Gratis desde México al 01.800.288.2243
Gratis desde España al 900.866.949
Desde otro país al +1.812.671.9757
Fax: 01.812.355.1576
ventas@palibrio.com

EL

PODER

DE LA

ORACIÓN

Y LA FE

EFIGENIA FERNÁNDEZ ZÚÑIGA

Contents

DEDICATORIA Y AGRADECIMIENTOS

Este libro lo dedico con todo mi amor y agradecimiento a mi Señor Jesús, quien en medio de mis circunstancias y desde la condición de pecado en que me encuentro, El me sigue llamando a conocerlo más y más de cerca, además de pedirme que no me quede quieta, que así como la levadura que es simplemente un hongo y tal vez despreciable para muchos, yo puedo ser muy útil al reino de Dios, desde lo que en mi presente soy, afectando la vida de otros de manera positiva. El maestro Jesucristo dice que quien es fiel en lo poco lo es en lo mucho; pidiéndome que me interese, comprenda, ame y ayude a los que El ama. Que atesore en el cielo, que trabaje para el reino de Dios pues todas mis necesidades ya me han sido cubiertas en la medida y momento perfecto para mi crecimiento en la presencia de su Padre. Que soy una servidora de su reino, que nada me preocupe sino el reino de Dios, que nada me angustie, y trabaje intensamente por la conversión de los pecadores. Que haga mis peticiones a Dios Padre en su nombre, quien me escucha con amor y que **no** todo lo que los ojos ven es lo verdadero. Que la condición del espíritu es lo real y que a mi amado hijo lo tiene El en sus manos. Que mi corazón no se angustie, sino que crea. Que se me está instruyendo y fortaleciendo en el Espíritu y que el reino de Dios está ya aquí, porque El ha dado ya el siguiente paso, que nos acojamos a su misericordia, mejor que a su justicia. Porque como Juez es implacable, pero como redentor; su misericordia es infinita. Jesucristo dice que aún estamos a tiempo de corregir el camino. Que ya está molesto por nuestra falta de humildad, fe y amor. Que quien pueda oír, ver, o predicar sus enseñanzas, no se resista, porque El necesita servidores fieles, que estén dispuestos a dar la vida por resguardar el Espíritu de Dios en su corazón. Que le abracemos con amor, fe y humildad, estrecha y fuertemente. Ver: *(Romanos 13, 11-14)* ¡Gracias mi Señor y Salvador Jesús! ¡Enséñame a hacer tu voluntad! Amén.

Jesucristo me ha hecho sentir infinitamente importante, porque Jesús me ama permitiéndome ver su presencia, especialmente en los momentos más difíciles de mi vida, y El ve en mí al diamante que papá Dios creó y no al sope de inmundicia con que me he recubierto, recibiendo El todos los dolores que a mí me tocaba recibir. ¡Gracias mi Señor y amigo Jesucristo! ¡Enséñame a amarte en perfección!

Agradezco a mis padres biológicos Otilia Zúñiga Jiménez y Vicente Fernández Virrueta por la fe y los buenos principios que grabaron en mi corazón. A mis hermanos todos mayores que yo, por el cuidado, amor y apoyo que cada uno me ha dado a lo largo de mi vida.

Agradezco a mi esposo por acompañarme todos estos años de mi matrimonio, y a mi hijo por ser el motor de mi vida después de Dios en los momentos difíciles.

Agradezco a esas amigas que han aceptado ser la mano de Dios, invitándome a comer, o llevándome incluso ollas de comida para mí y los míos hasta la puerta de mi casa, en los momentos de economía miserable. Y a esas otras que me han dado crédito en tanto que otros y otras no creyeron en mí.

Agradezco a mi comunidad en general por su bendita aportación a lo que yo de bueno pueda contribuir a la misma, y bendigo en el nombre de Jesucristo a todos los seres que han colaborado a la obra de Dios en mí.

Que Jesucristo les reconozca delante de nuestro Padre Dios, porque ustedes supieron verle a Él en mí. ¡Gracias!

INTRODUCCIÓN

El tema principal a tratar en este libro es: EL PODER A TRAVES DE LA FE. Demasiado empobrecida espiritualmente veo a la humanidad, vistiendo harapos tales que da vergüenza a los ojos de Dios. Yo me pregunto ¿A esta oruga nunca le saldrán las alas? En realidad todos tenemos defectos, pero no por eso nos vamos a sentir limitados o desolados, dado que <u>la misericordia de Dios es infinita</u>.

(1 de Juan 1,9.) Un causal de problemas, es que vivimos tanto en el pasado y creamos ataduras que nos limitan. Dios nos concede todo lo que necesitamos, pero a veces sus mandatos se nos hacen difíciles de llevar, muchas veces un pequeño inconveniente se va agrandando por falta del perdón y los vamos a arrastrando a las diferentes áreas de nuestra vida. Jesús anhela que le ofrezcamos los pecados también.

Muchas veces no tomamos la opción adecuada y tomamos decisiones apresuradas. El hombre y la mujer no somos malos, pero el problema es que desde el principio hay un enemigo que no ha podido soportar la voluntad de Dios. Nosotros necesitamos de una comunicación constante con Dios, pero el pecado nos separa de todo aquello que sea comunicación con Dios. La presencia del mal se manifiesta de diferentes maneras, y nosotros nos preguntamos ¿por qué existe tanta maldad? Mi respuesta es: Porque Dios no está viviendo en el corazón del hombre. ¡Llámalo, siéntelo, y ámalo en tu corazón!

Aún en medio de las situaciones pecaminosas hay que saber a dónde tenemos que ir, y lo primero que tenemos que reconocer es que somos pecadores, porque por mis obras se manifiesta a quién pertenezco. Ver: *(Mateo 7,15-20)* El acto pecaminoso es una manifestación del mal a través de nosotros. Como decía Agustín de Hipona: "Es algo que se dice, hace o se desea contra la ley de Dios". El pecado expresa poder sobre la voluntad del individuo, siendo la voluntad lo primero que ataca el enemigo, además de hacernos creer que no existe.

El pecado poco a poco minimiza el poder de decisión. Lo más grave es cuando decidimos parar de luchar, dándonos por vencidos y seguir pecando como algo irremediable. El malo engaña. El malo nunca se presenta como algo riesgoso. Siempre se presenta como algo conveniente. El pecado nos seduce, nos devalúa y por el dolor del pecado, pudiéramos llegar a sentir que ya no hay solución, ni buena salida, llegando algunos incluso al suicidio por los remordimientos e impotencia ante el pecado.

(Romanos 14,23) *"Pero el que come dudando, se condena, porque no obra conforme a la fe; pues <u>todo lo que no procede de la buena fe</u> es pecado".* Buena fe; es la fe en la bondad y amor de Dios.

(Proverbios 8,32) *"Ahora pues, hijos, escúchenme, porque bienaventurados son los que guardan mis caminos".* Hay quienes se dicen ateos, pero sus acciones superan a algunos "creyentes".

El que a Dios ofende, se hace daño a sí mismo. Dios es sacado de nuestro corazón cuando vivimos en el pecado, y al final el pecado nos lleva a experimentar un vacío en el alma que con nada podemos llenar, conduciéndonos a una soledad infernal y digo infernal, porque la sensación que se llega a experimentar es una terrible desolación, pues tarde o temprano todo lo que hacemos aunque sea en lo más secreto; nos trae consecuencias inevitables y en proporción a la maldad o bondad realizada.

El pecado nos hace resistentes a la acción divina, nos esclaviza y nos enferma del alma y por consecuencia también del cuerpo. Debemos poner atención a comenzar a sanar cuanto antes, o de lo contrario; sobrevendrá la muerte del alma, esto significa una conciencia endurecida para la gracia.

Cuando uno vive en pecado queridos hermanos, uno puede no ver las consecuencias del mismo. El pecado es una deuda en contra de Dios que no deberíamos tolerar tener. Una verdadera intención de parar, es un buen comienzo. Debemos decidirnos a sacar el pecado con la gracia de Dios y no por nuestras propias fuerzas, ya que por nuestras propias fuerzas no podríamos Ver: *(Efesios 2,8-9).* Esta es la razón por la que Jesucristo

vino a pagar con su cuerpo y sangre, comprándonos así para el reino de Dios, dado que la humanidad ya tenía el alma perdida. Ver: *(Gálatas 2,21)*. Hay que trabajar dura y enérgicamente para quitarle el poder al pecado en nuestro corazón. Siembra tu semilla en otro terreno; rodéate de oración y aléjate de la tentación. El tentador repite sus ataques porque nunca se da por vencido, es por esto que tenemos que armarnos con la armadura de Dios. Ver: *(Efesios 6,10-18)* El pecado es una realidad tan obscura que es difícil identificarlo en nosotros mismos ¡Oremos y oremos!

¿Que dice sobre la pereza la biblia?

(Proverbios 6,9-11)

6,9   *¿Hasta cuándo estarás recostado, perezoso, cuándo te levantarás de tu sueño?*

6,10   *"Dormir un poco, dormitar otro poco, descansar otro poco de brazos cruzados":*

6,11   *así te llegará la pobreza como un salteador y la miseria como un hombre armado.*

(Proverbios 10,4)   *"La mano negligente empobrece; mas la mano de los diligentes enriquece".*

(Proverbios 19, 15)   *"La pereza hunde en la modorra, el hogazán pasará hambre."*

(Proverbios 20,13)   *"No ames el sueño, no sea que te empobrezcas; abre tus ojos y te saciarás de pan."*

(Proverbios 23,21)   *"porque el borracho y el glotón se empobrecerán, y la somnolencia se vestirá de harapos."*

Cuando justificamos nuestro error; ¡Oh, oh! ¡Cuidado!. Reconozcamos cuáles son los problemas que estamos arrastrando desde hace tiempo. ¿Acaso ya me acostumbre? ¿Qué estoy esperando? Pidamos que nuestro Padre Dios nos conceda su Santo Espíritu, en el poderoso nombre de nuestro Señor Jesucristo para ver la raíz del problema y descubrir qué es lo que está originando que la misma situación se repita. Debemos pedir la posesión del Espíritu de Dios en la persona. Un cambio duele y nuestra realidad puede ser muy dura, pero es ante todo la actitud de decidir que el pecado no tome propiedad de nuestra voluntad. ¡Busquemos la causa! No sigas la ruta del pecado, no nos quedemos allí, estamos diseñados para ser mejores personas. Si sientes que el Espíritu de Dios te ilumina una estrategia para arrancar el pecado. ¡Anótala!

El salmón para poner sus huevos, debe nadar contra la corriente y morir después. Arrepiéntete, conviértete, vuélvete, da un giro y sigue a Jesucristo. Tal vez tengas que ir en sentido contrario del mundo y morir a tus adicciones. Esto puede no ser fácil. Todo compromiso implica responsabilidad.

(Lucas 19,8-10)

8 Pero Zaqueo dijo resueltamente al Señor: «Señor, voy a dar la mitad de mis bienes a los pobres, y si he perjudicado a alguien, le daré cuatro veces más».

9 Y Jesús le dijo: «Hoy ha llegado la salvación a esta casa, ya que también este hombre es un hijo de Abraham,

10 porque el Hijo del hombre vino a buscar y a salvar lo que estaba perdido».

(Romanos 10 ,9-11)

9 Porque si confiesas con tu boca que Jesús es Señor y crees en tu corazón que Dios lo resucitó de entre los muertos, serás salvo. 10 Al que cree de corazón, Dios lo recibe, y el que proclama con los labios, se salva. 11 Por eso dice la Escritura: Ninguno de los que creen en él será confundido.

La gracia nos deja ver el error, pero debemos ser constantes en la oración, porque el pecado es como el cáncer. Siempre hay que estar en tratamiento, porque vuelve, pues al malo no le gusta perder territorio. El pecado nos aleja de la gracia de Dios, y la gracia de Dios nos aleja del pecado **¡Oremos!**

Hagamos un programa sin perder el norte, que es Dios, porque cuando creemos que ya hemos sido sanados, corremos el riesgo de bajar la guardia.

¿Cómo reflejo el señorío de Jesús en mi vida? Reconociéndolo como dueño y Señor de todo lo mío. Ejemplo: De mi pareja y de mis hijos; ¡Dios es el Señor! De mi voluntad y todo lo mío; ¡Dios es el Señor! En la vida y en la muerte; ¡Somos del Señor Jesús! Para honor, gloria y honra de Dios Padre.

<u>MARIA, MODELO DE FE</u> *(Lucas 1,38)* <u>LA ANUNCIACION DE MARIA</u>

1.- *Yo soy la servidora* (¿qué soy?) **¡SERVIDORA!**

2.- **del Señor** (¿de quién?) **¡DEL SEÑOR!**

3.- **hágase** (¿Qué cosa dice?) **¡HAGASE!**

4.- **en mí** (¿En quién?) (¿En mi esposo, o en mi esposa?) **¡EN MI!**

5.- **Como me has dicho** (El asunto es, ¿como yo digo, o como Dios dice? **¡COMO DIOS DICE!**

(Isaías 32,15) *"Pero sobre nosotros se derramará el espíritu desde arriba"*

"TODO VIENE PARA BIEN PARA LOS QUE AMAN A DIOS" *(Romanos 8,28)*

SALUDOS: Bendecidos sean todos ustedes en el nombre de Nuestro Señor Jesucristo.

Recuerdo a un sacerdote llamado Pablo, a quien le preguntaron dónde quedaron los profetas y milagros del Antiguo Testamento, a lo que él contestó: En el mismo lugar donde quedaron la oración, ayuno y penitencia de los hombres de fe de aquellos tiempos.

Arrepentimiento de nuestros pecados, renunciar a todo aquello que en nuestro conocimiento le es ajeno a Dios, pidiéndole con detalles y sin vergüenza lo que quieres de él. Sé perseverante y paciente. ¡Seguro llegará!

Hay 3 puntos principales a considerar para alcanzar un milagro, de acuerdo a mi experiencia personal, y son: LA FE, LA ORACION Y EL SERVICIO. Agregando que debemos ser directos y claros en lo que pedimos.

FE.- (**Hebreos 11,1**) *"Tener fe es tener la plena seguridad de recibir lo que se espera; es estar convencido de la realidad de cosas que no vemos"*. No hagamos del dinero nuestro dios de papel. **;-)**

ORACION.- (**Santiago 5,13**) *Si alguien sufre que ore. .* Esto le es más grato a Dios que sólo escuchar quejas y pedidos. ¡Hay que agradecer! ***Oren** en todo tiempo según les inspire el Espíritu. Velen en común y perseveren en sus oraciones **sin desanimarse** nunca,...* (**Efesios 6,18**). Meditación, alabanza y adoración.

SERVICIO.- (**Marcos 9,35**) "Quien *quiera ser el primero, debe ser servidor de todos"*. (**2daCorintios 9,6-8**) *"El que comparte generosamente, también generosamente recibirá para toda buena obra"*. Interceder.

a).- Preguntémonos a quién vamos a servir con esa gracia que le estamos pidiendo a Dios.

b).- Seamos perseverantes en lo que pedimos, agradeciendo a Dios, porque tenemos la seguridad de que ya hemos sido escuchados y que nuestra petición está siendo atendida. Pero antes de presentar nuestra petición a Dios, debemos perdonar de corazón a quien nos haya ofendido. Debemos recordar que a nadie nos gusta que les hagan malos modos a nuestros hijos, y esa persona a la que nosotros no queremos, Dios la ama aunque sea mala persona. A Dios no le gusta el pecado, pero ama a los pecadores y nos ama tánto, que sacrificó a su propio hijo por salvar nuestras almas.

c).-Al momento de pedir, abandonémonos a la voluntad de Dios. No debemos darnos permiso de dudar; preguntándonos de dónde o como nos puede llegar el milagro. Es importante que Dios sienta nuestro total abandono en El. Al igual que un niño hijo de padres amorosos cuando pide leche; el no sabe si la vamos a sacar del refrigerador o de la tienda, al momento de pedir el niño no piensa en el dinero. El niño no se importa de dónde o cómo; el sólo sabe con seguridad que la va a recibir. Debemos agarrar ejemplo de los niños en este aspecto, y al igual que ellos, abandonarnos confiados a la providencia de Dios.

¿Alguna vez te ha pasado que hasta que te rindes de luchar y te abandonas a la misericordia de Dios es que descubres soluciones donde únicamente se veían problemas? Me pasó con el embarazo de mi hijo.

En realidad los problemas no existen. Existen exámenes espirituales que prueban nuestra fe para pasar a entrenamientos del espíritu más fuertes. Un ejemplo es un buen estudiante. El ser buen estudiante no significa que no va a presentar los exámenes del estado requeridos para pasar de grado, y si los pasa con excelencia, no significa que allí va a acabar la instrucción. Tendrá que seguir aprendiendo lecciones de mayor complejidad, y seguir aprobando los exámenes si quiere seguir creciendo en conocimiento. Es lo mismo con los buenos cristianos; debemos ser probados constántemente porque son muchos los espíritus malignos que hay por enfrentar y que nos tientan constantemente. Debemos salir de la zona de pereza física y mental que nos mantiene atados a la mediocridad, inconformidad e infelicidad; pues es el espíritu de este mundo que nos esclaviza y enceguece impidiéndonos prosperar de manera positiva, constructiva y en servicio y gloria al reino de Dios aniquilando así nuestros sueños. Estas entidades espirituales malignas se instalan en nuestra mente por invitación de nuestra parte cada vez que nos gozamos y alimentamos un pensamiento o imagen de lujuria, envidia, pereza, avaricia, gula, codicia, ira, soberbia, odio, desesperanza, frustración o desaliento, etc., llegando a ser extremádamente fuertes e imposibles de vencer por voluntad propia; aniquilando nuestros sueños y convirtiéndose en los amos y señores de nuestra alma; voluntad, mente, emociones y cuerpo. Esta fue la razón por la que Jesucristo ocupó nuestro lugar en la cruz en la que deberíamos estar nosotros crucificados; ofreciendo su cuerpo, sangre, alma y divinidad en satisfacción por nuestros pecados y comprándonos con sus llagas para la libertad que ahora gozamos, mostrándonos el camino que estaba perdido para la humanidad.

Ahora nos basta con reconocer a Jesucristo como nuestro Señor y Salvador, creer que todo es posible para quien tenga la seguridad de recibir lo que se espera, con la certeza de que todo lo que pedimos en oración ya está siendo procesado, entregarle todo cuanto somos y tenemos diciéndole como la Virgen María: *"Hágase en mi tu voluntad"*, o como Jesús en el huerto: *"No se haga mi voluntad, sino la tuya"*

14

ABANDONO ABSOLUTO AL AMOR DE DIOS

Quiero compartir una experiencia personal en la cual, la intervención de Dios es extremadamente clara para mí, esperando que de igual manera le encuentren ustedes la claridad, ya que estoy convencida que ésto fue la: ¡GESTACION DE UN GRAN MILAGRO! **Juzguen ustedes.**

En el año 2000, me vi en la necesidad de dejar por primera vez a mi único hijo, con sólo cinco años de edad, al cuidado de alguien que no era yo misma. La escases de dinero era mucha y los servicios por pagar también muchos, el salario de mi esposo no era suficiente. Fui aceptada a trabajar temporalmente en una procesadora de alimentos de la ciudad, ganando el salario mínimo. Tuve la suerte de que me instalaran a trabajar en una posición solitaria que requería destreza visual y manual. Pasaba la mayor parte del tiempo llorando porque no estaba con mi hijito, quien había nacido prematuro y los médicos me habían advertido que si no le daba suficiente amor, no viviría.

En mi sufrimiento de madre, yo me gastaba el tiempo mientras trabajaba, rogándole a Dios que alguien me pagara un cheque semanal por cuidar a mi hijo y aprender inglés, pero ¿Quién haría eso?: Me preguntaba a mí misma. A lo que yo misma me contestaba: para ti mi Dios todo es posible. Y así; una y otra vez durante las ocho horas de trabajo, día tras día. Llegó la fecha en que la procesadora cerró la temporada y me despidió. Angustiada por ver a mi esposo angustiado, y temerosa de que el banco nos recogiera la casa por no poder pagarla, y especialmente preocupada de no tener para las necesidades más indispensables de mi niño, me dediqué a poner aplicaciones por toda la ciudad, pero ni siquiera lavando baños me contrataban. Sólo de una sembradora de hongo me llamaron; ése era uno de los peores lugares para trabajar en el área. Era un lugar pestilente, resbaloso, sucio, peor pagado y peligroso en extremo debido a todo lo anterior y a las alturas. Estando ya trabajando allí; yo en mi mente le gritaba a Dios diciéndole: Este es el lugar perfecto para morir en accidente. ¿Es acaso para ésto que me has traído aquí? Tú pudiste abrirme cualquier otra puerta y no lo hiciste. ¿Qué pasa? ¡No comprendo! ¿Dónde estás mi Dios? ¿Qué ofensa tan grave cometí para tener que vivir ésto? Sucedió que sólo al mes de estar allí me despidieron. ¡Sólo en el infierno me contratan y hasta de aquí me corren!; le dije a Dios con un sentimiento de profunda desolación y abandono. Acto seguido pasé a la oficina del trabajo donde me dieron una carta para la oficina de desempleo. ¿Por qué a mí? Les pregunté. La compañía va a cerrar; me contestaron. Fuiste la última en llegar y eres la primera en salir; me dijo la secretaria. Yo ya no tenía ánimos para nada, pues me sentía terriblemente agotada, pero la existencia de mi hijo a quien amo con todo mi corazón, me daba las fuerzas para seguir luchando, aplicando y buscando. Fui a entregar la carta de despido a la oficina estatal de desempleo. Me llamaron a una oficina y me notificaron que debido a que la empresa estaba afiliada a un tratado internacional llamado NAFTA, yo tenía derecho a: *Un cheque de más de $300.00 dólares semanales condicionado a estudiar inglés, y en casa a cuidar de mi hijo.* ¡Justo lo que le pedía a Dios! No sé si me estoy explicando. Mientras yo gemía por auxilio divino, Dios estaba preparando todo el escenario para que se diera el milagro. Miren lo que ha pasado aquí; como desde el principio yo sabía que lo que pedía era un imposible para mí, entonces desde el primer momento me abandoné al poder y misericordia de Dios. El abandono fue determinante en la realización del milagro. Independientemente de cuáles sean nuestros sueños, anhelos o metas; **fe y abandono absoluto al amor**, misericordia y provisión divina, es lo que se necesita para lograr cualquier milagro. Otro ejemplo clarísimo del abandono en las manos de Dios; es lo que le pasó a mi hermano Bulmaro con su viejita Ford a la que todo le fallaba, necesitaba un carro chiquito y con calentador, pero no tenía dinero. Pidió a Dios algo que era imposible de obtener con sus limitados ingresos. ¿Qué pasó? Un conocido le ofreció un intercambio de carros y el milagro se dio sin mediar un solo centavo. El conocido, quería remodelar un carro viejo sin tener que pagar por él.

¿Se comprende? El abandono absoluto a la providencia de Dios produce los milagros. No nos debemos preocupar de dónde o cómo es que llegará, ya que los recursos de Dios son infinitos.

YO, EL CARCELERO *(Hechos 16,24-34)*

En esta historia el carcelero soy yo, y tal vez tú seas otro carcelero al igual que yo. Te invito a que lo pienses.

(24)El carcelero, al recibir la orden, los metió en el calabozo interior y sujetó sus pies en el cepo.

Los pecadores que no hacemos suficiente oración, ayuno y penitencia; solemos soterrar en el calabozo interior de nuestro ser, la palabra de Dios, sujetando nuestra conciencia para que no se exprese.

(25)Hacia la media noche Pablo y Silas estaban en oración cantando himnos a Dios; los presos los escuchaban.

Silas y Pablo representan a los servidores de Dios que oran por la conversión de los pecadores.

(26)De repente se produjo un terremoto tan fuerte que los mismos cimientos de la cárcel se conmovieron. Al momento quedaron abiertas todas las puertas y se soltaron las cadenas de todos.

La oración de los fieles de Dios, es tan poderosa que produce fuertes movimientos en el mundo espiritual, abriendo puertas y soltando cadenas espirituales.

-Recordemos que: *(Heb. 11,3)* *"Por la fe, sabemos que el universo fue formado por la palabra de Dios, y lo visible de lo invisible"-*

(27)Despertó el carcelero y, al ver las puertas de la cárcel abiertas, sacó la espada e iba a matarse, creyendo que los presos habían huído.

Cuando nuestra conciencia queda liberada, nuestra mente nos pudiera incitar incluso al suicidio, al darnos cuenta de los terribles errores cometidos, creyendo que ya no hay solución.

(28)Pero Pablo le gritó: No te hagas ningún mal, que estamos aquí.

Pero nuestra conciencia nos grita que no lo hagamos, que la misericordia de Dios es infinita.

(29)*El carcelero pidió luz, entró de un salto y tembloroso se arrojó a los pies de Pablo y Silas*.

El paso siguiente es pedir la luz del Espíritu Santo y arrojarnos a los pies de Dios.

(30) *los sacó fuera y les dijo: Señores, ¿Qué tengo que hacer para salvarme?*

Preguntémosle a Dios que tenemos que hacer para salvarnos.

(31)*Le respondieron: "Ten fe en el Señor Jesús y te salvarás tú y tu casa" Y le anunciaron la palabra del Señor a él y a todos los de su casa.*

El seguramente nos responderá: Tengan fe en Jesucristo y te salvarás tú y tu casa.

(32)*Y le anunciaron la palabra del Señor a él y a todos los de su casa.*

Estudiemos la biblia y oremos en familia. Juntémonos en asamblea para rezar, orar y cantarle a Dios, practiquemos las obras de caridad, y no le arruguemos la nariz a nuestros compañeros de ministerio aunque no nos simpaticen. Seamos comprensivos y tolerantes con los defectos de los demás orando a Dios por ellos. Ellos están allí porque Dios los ha llamado. <u>No seamos piedra de tropiezo para los que Dios ha llamado a servirle. Antes bien seamos solícitos y hagámoslos sentir acogidos, aceptados y bienvenidos en nuestras asambleas. Prediquemos el evangelio con la palabra y el ejemplo, y no cobren hasta $1,500.00 dólares por casar a la gente</u> .

(33)*En aquella misma hora de la noche el carcelero los tomó consigo y les lavó las heridas; inmediatamente recibió el bautismo él y todos los suyos.*

Aún en medio de cualquier posible resentimiento, lavemos las heridas que hemos causado, pidamos perdón al prójimo o familiar que hayamos lastimado y preparémonos a recibir todas las bendiciones que <u>Dios tiene dispuestas para nosotros </u>y nuestras familias desde el principio de todos los tiempos. Ver**: *(Mt. 25,34-35)*.**

(34)*Les hizo entonces subir a su casa, les preparó la mesa y se alegró con toda su familia por haber creído en Dios.*

Hagamos de nuestro cuerpo el templo de Dios, que para éso se nos ha dado, siendo nuestro corazón el tabernáculo de Dios. *(Juan 4,23-24)* Entonces y sólo entonces, seremos levantados con poder. Preparemos la mesa para que Jesucristo se siente a comer con nosotros y nosotros con Él, y alegrémonos junto a nuestra familia y todos los nuestros en la Presencia de Dios por haber creído en El. *(Apocalipsis 3,20)*

En Dios Padre y en el poderoso nombre de Jesús, seas bendito por la gracia del Espíritu Santo de Dios, y recordemos que el miedo se genera en la mente, y la omnipotencia de Dios está en nuestro corazón. ¡Dios no castiga! El temor a Dios es el temor a ofender al amor de los amores. Consolidemos nuestras familias y comunidades en fe a la misericordia infinita de Dios, en la certeza de que la perfección existe y queremos ser parte activa de ella. ¿Quién debe temer a Dios? ¿Quien actúa bien, o quien actúa mal? ¡Oremos a toda hora!

DI NO AL MIEDO

Hay que morir al miedo para nacer al valor. ¿Cómo se hace ésto? Enfrentando cualquier temor; el temor a la obscuridad, el temor a hablar públicamente, el miedo o temor al rechazo, a la burla o al fracaso. Cuando a pesar de todo esto, enfrentamos cada situación; ¡hoy, no mañana!, ¡hoy!; confiando, creyendo en que es en nuestra más grande debilidad, cuando se manifiesta la omnipotencia del Ser infinito y todo poderoso que todos llevamos dentro, y que por tenerlo reprimido no se manifiesta, dado que nuestra voluntad manda, y si nosotros decimos y decidimos o aceptamos que no hay nada allí, o que simplemente no existe; para nuestro infortunio; esa grandiosidad a la que todos aspiramos; allí se queda en la inconsciencia, porque no nos damos la oportunidad de refulgir y de mostrar todo ese único y maravilloso tesoro de dones, gracias y portentos inherententes al existir.

Es hasta que hemos sentido la impotencia ante una situación; cualquiera que ésta sea. Cuando estamos con la vehemencia, hambre y sed de experimentar un suceso fuera de lo ordinario en nuestro presente; hasta que hemos agotado todos los recursos racionales a nuestro alcance, que este fenómeno extraordinario se presenta. Para los creyentes en Dios; éstos son los milagros, es la manifestación de Dios viniendo al rescate, justo al borde del precipicio. Es así; como de suceso en suceso; los no creyentes fortalecen su autoestima, y los creyentes; fortalecen su fe en Dios. En la medida en que esta fortaleza se acrecienta; el miedo va decreciendo. Cuando el miedo desaparece; entonces la divinidad refulge iluminándonos e iluminando a otros. El ser infinito que vive en nosotros es todo poderoso.

El primer paso para iniciar este proceso de fortalecimiento individual; es dándonos la oportunidad de comenzar a creer en la realidad de las cosas que no vemos. Cuando crees confías, cuando confías pides y cuando pides recibes. Esto es una ley que va más allá de lo físico. Los físicos cuánticos ya han descubierto que el origen de toda materia es la antimateria. En mi entendimiento ésto significa que hay al menos todo un universo no visible, existiendo de manera paralela a este universo visible, y que es el origen de todo lo que vemos manifestarse en nuestra realidad física.

Querido cohabitante de mi planeta tierra, de mi comunidad y de mi universo, te invito con todo mi corazón a creer que; sólo aquello en lo que creemos es lo que tenemos. Hazte un favor y no creas nada que para tí sea inconveniente. Si algo para tí es conveniente; cree que es posible; que ya existe en alguna parte de ese universo invisible, esperando a ser invocado o requerido por alguien o por todos aquellos que crean en su existencia.

Si crees que de la obscuridad saldrán monstruos, que al pasar por algún lugar la gente se reirá de ti, que eres tan inútil que nada puedes hacer bien, o que eres imperfecto. Muy a pesar de lo que todos crean, tu puedes crear tu propia realidad. Te invito a que reflexiones la siguiente idea: Lo que es imperfecto, no tiene futuro. El universo físico cambia de forma, pero ni un solo átomo de energía es aumentado ni disminuido según lo probado por la ciencia, porque la energía no se destruye, sólo se transforma. La energía es todo lo que existe aunque en diferentes manifestaciones, y en mi creencia es perfecta en su todo; y para que el todo sea perfecto, es porque lo es en cada uno de sus componentes, independientemente de su forma, tiempo o lugar de existencia, en caso contrario la energía ya se hubiera destruído a sí misma. Independientemente de qué te hayan sembrado en tu mente o en tu corazón. Simplemente di ¡NO! a todo lo inconveniente, y di ¡SI! A todo lo que te sea conveniente. Recordando que toda acción tiene una reacción proporcional a lo positivo o a lo negativo. ¡No falla!.

Cuando se decide creer, es como si un huevo se quebrara dentro de sí mismo, dejando escapar de su interior, una energía, fortaleza y entendimiento, en donde lo racional para el común de los humanos parece torpeza, y lo tonto para el entendimiento general comienza a tener un sentido claro; el miedo desaparece, y cuando se vuelve a presentar es como oír ladrar un perro a lo lejos. Se extreman precauciones sin parar de avanzar. Se sabe que el Salvador llegará en el momento necesario. ¡CREELO!

MI AMIGA CELESTE

El personaje central de esta singular historia lleva por nombre Celeste Fortuna Buenrostro. Ella fue una niña que nació en la pobreza y creció soñando, y en relativa soledad. Ella poseía el maravilloso don de poder ver la belleza y bondad; en donde la mayoría solo veía lo opuesto. Sus padres trataban de advertirla sobre el lado negativo de la vida, y constantemente le decían que debía salirse de su burbuja. Que la vida no era como ella la veía. Que había maldad y que debía estar preparada para enfrentarla. Ella parecía estar recién llegada a este planeta, sus ojos no veían el mundo del mismo modo que los demás. Ella en los criminales sólo ve a niños desprotegidos y clamando amor. La maldad ella la compara con la noche, diciendo que es lo que nos permite valorar y reconocer las cosas buenas en la vida, Al Padre Eterno, ella le llama el **O**rdenador **A**bsoluto, pues en uno de sus sueños; él así se hizo llamar. Ella le ama con todo su ser, y confía en Él como lo hace el niño en el papá. Dios no escatima en su amor a ella, es notable como Dios se goza ese amor infantil y confiado, De todo mal ella siempre sale bien librada y con ganancia. Su papá solía decir que la podían aventar de espalda y caería de pie y se levantaría más fortalecida.

En la adolescencia, cuando la mayoría de las jovencitas aspiran a lucir sus mejores galas. Ella usaba zapatos rotos de la punta, pues sus papás no tenían suficiente dinero para comprarle otros. El pie crecía y los zapatos apretaban, el dedo gordo del pie se arqueaba hacia arriba haciéndole un agujero en la punta a los zapatos. Para ella eso no tenía importancia alguna. Ella fue una adolescente feliz, y yo su mejor amiga. Celeste era como el sol, cuando ella estaba presente nunca pasaba desapercibida debido a su personalidad alegre y su inteligencia rayando en la genialidad. Cuando los compañeros de clase no entendíamos la lección de cualquier materia, recuerdo bien como los maestros le pedían de favor que pasara a explicarnos, e increíblemente a la primera explicación todos comprendíamos la lección con una claridad asombrosa. Ella era siempre excelente en todas las materias y además la presidenta del consejo estudiantil en una escuela particular en donde ella estaba becada al 100%. Celeste continuó su vida entre decisiones convenientes y otras no tanto, pero que al final terminaban dándole más fortaleza y enfoque. Ahora es madre y esposa, más corriente que común. No es rica en dinero, pero estoy segura que es más rica que muchos billonarios. Ella no cuenta lo que le falta; ella cuenta lo que tiene. No cree en la pobreza, a pesar de que yo la veo pobre. Ella dice que lo único que le falta es el dinero, pero que tiene todo lo que no puede pagarse con dinero. Todavía no cree en la maldad; pues una coraza invisible y reforzada parece protegerla. Me viene a la mente una ocasión que la despidieron del trabajo de manera injusta. Esto ocasionó que entrara en una situación económica muy precaria. Gracias a su situación casi indigente; la calificaron para un entrenamiento pagado y ahora goza de un trabajo que disfruta y donde gana aún más de lo que ganaba en el trabajo anterior. Este es un patrón que se repite en su vida y ella lo sabe. Cuando más mal parece irle; es porque algo muy bueno para ella se está gestando No cree en la enfermedad, ella dice que es la manera de como su cuerpo se comunica con ella para avisarle que está tomando algunas decisiones equivocadas, permitiéndole parar a hacer un recuento de su vida. No cree en la muerte. Celeste dice que es como un alumbramiento, pero al revés. Que es el nacimiento a una nueva vida, como cuando el pollito rompe el cascarón, y que así como no se pone uno triste por el cascarón que se rompió, sino contento por el pollito que nació, de igual manera debemos dar gracias por el cuerpo que se nos dio, y por la oportunidad de vida en esta manifestación física. Cundo alguno de nuestros amados nos abandona físicamente; ella dice: Bendigamos la oportunidad de haber compartido con ellos su tiempo. Su gran amigo es Jesucristo, según sus propias palabras; pues ella dice que lo conoce en persona desde que era una niña muy chiquita, que Él jugaba con ella y que le ha dicho que Él siempre la amará y estará allí para ella cuantas veces lo sienta en su corazón. Ahora es una mujer de apariencia simple, pues no le gusta llamar la atención, ni ser valorada por lo que lleva puesto, y a quien además; según ella me dice: Jesús le ha pedido en sueños que nunca se canse de decirle a Dios Padre cuánto le ama, y que donde está el Padre está El; o sea Jesús; el carpintero de Nazaret.

Mi amiga Celeste afirma: Mi Señor, Amigo y Salvador Jesús me protege siempre. ¡Nunca me siento sola! Sé que él me acompaña siempre. ¡Me ha regalado la alegría! **¡Ahora mismo él está aquí! Me da tristeza que no toda la gente pueda sentir a Dios, porque es una sensación real que todos pudiéramos experimentar a través de la fe. Debemos aprender a ver con los ojos del espíritu, más que con los ojos físicos. Ya que la visión física es sumamente limitada, porque no todo lo que vemos es la verdad. En tanto que la visión del espíritu no tiene barreras, y a través de la visión del espíritu; ves la bendición donde la mayoría sólo mira destrucción, eres feliz porque puedes ver a Dios y sus amorosos propósitos.** Yo lo puedo sentir, y gozarme en ello. Esto es realmente un maravilloso regalo del amor y misericordia de Dios hacia mi persona. Dijo.

MEDITANDO EL ÉXITO

Esta página, la dedico con mucho amor a todos los inmigrantes indocumentados de todo el mundo, invitando a sus políticos y ciudadanos en general a la reflexión.

"Obtengan todo lo que anhelan en medidas rebosantes, fluidas y constantes, usando el poder de la FE." (Autor).

Estoy convencida sin excepción, de que todo inmigrante, venga de donde venga y vaya a donde vaya; viene y va cargado con una inmensa dosis de FE y ESPERANZA. Yo siento una inmensa admiración y respeto por todo inmigrante de la raza que sea.

El hombre ha buscado por muchos años la fuente de la sabiduría y del éxito. Sin darse cuenta que ha estado dentro de sí mismo desde siempre.

Es como la historia anónima que narra sobre un vagabundo que estaba pidiendo limosna sentado en una esquina en una ciudad. Este, estaba sentado en una caja vieja que tenía un candado, cuando un transeúnte pasaba por ahí.

-El vagabundo. Una limosnita por favor, para este pobre que nada tiene.

-El transeúnte: No tengo nada para compartirte.

-El vagabundo: necesito algo para sobrevivir.

-El transeúnte: ¿Que tienes en esa caja en que te sientas?

-El vagabundo: No lo sé, porque nunca la he abierto.

-El transeúnte: ¡ábrela!

-Vagabundo: Nada importante puede tener dentro.

-Transeúnte: ¿Por qué no la has tratado de abrir? ¿Qué esperas?

Los dos se pusieron a abrir la caja.

Fue enorme la sorpresa del vagabundo, ya que al abrirla; descubrió que tenía muchas joyas de incalculable valor.

MORALEJA: "El secreto de la sabiduría y del éxito se encuentra dentro de cada uno de nosotros". Lo primero es creer y actuar de inmediato. No debemos limosnear lo que por derecho divino YA POSEEMOS ¡Existes! Luego entonces ¡Mereces! Lo que tú creas, así será para ti. ¡FE!

¡CREEELO! Porque el primer paso para tener, es creer que puedes tener lo que esperas.

(Mateo 8,13) *"Entonces Jesús dijo al centurión: Vete; así como has creído, te sea hecho"*

(Mateo 9,22) *"Mas Jesús, volviéndose y mirándola, dijo: Hija, ten ánimo, tu fe te ha salvado".*

(Juan 11,40) *"¿No les he dicho que, si creen, verán la Gloria de Dios?".*

(Juan 14,12-14) *"El que cree en mí, hará él también las obras que yo hago, y hará mayores aún porque yo voy al Padre. Todo lo que pidan en mi nombre, yo lo haré, para que el Padre sea glorificado en el hijo. Si piden algo en mi nombre, yo lo haré".*

(Juan 16,23-24) *"Yo les aseguro: Lo que pidan al Padre en mi nombre, se los dará. Hasta ahora nada le han pedido en mi nombre. Pidan y recibirán, para que su gozo sea colmado.*

(Santiago 4,3) *Piden y no reciben, porque piden con malos propósitos, para gastarlo en sus placeres. … si pedimos cualquier cosa conforme a su voluntad, El nos oye.*

(Hebreos 11,6) *"Ahora bien, sin fe es imposible agradar a Dios, pues el que se acerca a Dios ha de creer que existe y que recompense a los que le buscan".*

(Marcos 9,23) *"¡Todo es posible para el que cree!".*

(Marcos 11,24) *"Por eso les digo: Todo lo que pidan en la oración, crean que ya lo han recibido y lo obtendrán".*

(Mateo 19,26) *"Para los hombres eso es imposible, pero para Dios todo es posible"*

(Lucas 1, 37) *"porque no hay nada imposible para Dios".*

(Lucas 18,27) *"Lo imposible para los hombres, es posible para Dios".*

(Hebreos 11,1) *"Tener fe es tener la plena seguridad de recibir lo que se espera; es estar convencidos de la realidad de cosas que no vemos".*

MIS PAISANOS MEXICANOS

Mis paisanos mexicanos están sufriendo mucho a causa de la violencia, delincuencia y crimen organizado. Debieran saturar en mi opinión, los programas televisivos, producir películas y canciones con la información que anhelamos oír, ver y vivir. Debemos recordar lo sucedido en México, cuando el PAN le ganó al PRI la presidencia de México, después de más de setenta años en el poder. El responsable de la campaña publicitaria de Fox, tuvo el acierto de permitirle al país ver en los anuncios televisivos de la campaña, imágenes que el pueblo anhelaba con ansias ver convertidas en realidad. Las imágenes que se pudieron ver anticipádamente en nuestras mentes como una realidad anticipada, fue lo que construyó la realidad de la tan anhelada victoria. Es casi imposible, por no decir que totalmente imposible detener la consecuencia de muchas mentes unidas en un mismo pensamiento enlazado al sentimiento, en, por, y para un fin común. Sería muy acertado que los gobiernos y organizaciones mundiales a favor de la humanidad, del planeta y su medio ambiente intentaran probar ésto con fines constructivos.

Nuevamente retomo el tema de mi raza hispana. Actualmente, yo soy ciudadana estadounidense. Amo este país, me ha dado mucho. Sin embargo, este nuevo amor por USA no me impide ver y reconocer la importancia de nuestra aportación a la excelencia de esta nación, pero especialmente; sentirme orgullosa de nuestra fuerza de voluntad, de nuestro empuje y actitud de superar los problemas, tomando decisiones difíciles, en situaciones igualmente difíciles. Somos raza de guerreros, en cuyo diccionario no existe la palabra vencido, derrotado o retroceder. Somos raza que lucha momento a momento, dejando nuestro agotamiento e inconvenientes atrás, en pos de la seguridad y felicidad de nuestros seres amados. Estados Unidos de América no es solamente un sueño. Es nuestra realidad. Es nuestro nuevo amor. Es el lugar que hemos escogido para llamar hogar. ¿Es acaso todo lo anterior ofensivo? `Al momento de escribir este libro soy Asistente de Enfermera y Asistente de maestra; dos ocupaciones que amo, y cada día cuido y protejo a los más débiles de este país como míos. ¡Amo a América! Debemos ser constantes en nuestra fe, y seguir luchando por lo que queremos alcanzar con la certeza de que Dios está de nuestra parte,porque Dios ama lo conveniente para nosotros.

(Marcos 10,51) *"Jesús le preguntó: '¿Qué quieres que te haga?' El ciego respondió: 'Maestro, que yo vea.' Entonces, Jesús le dijo: 'Puedes irte; tu fe te ha salvado'".* Y el ciego de Jericó sanó ¡FE!

(Salmo 23 de David)

El Señor es mi pastor,

Nada me faltará.

² En lugares de verdes pastos me hace descansar;

Junto a aguas de reposo me conduce.

³ El restaura mi alma;

Me guía por senderos de justicia

Por amor de Su nombre.

⁴ Aunque pase por el valle de sombra de muerte,

No temeré mal alguno, porque Tú estás conmigo;

Tu vara y Tu cayado me infunden aliento.

⁵ Tú preparas mesa delante de mí en presencia de mis enemigos;

Has ungido mi cabeza con aceite;

Mi copa está rebosando.⁶ Ciertamente el bien y la misericordia me seguirán todos los días de mi vida,

Y en la casa del Señor moraré por siempre.

HERMANO INMIGRANTE

Inmigrantes: Hermanos míos; Ustedes dejaron mucho atrás dispuestos a enfrentar lo desconocido, no cualquiera lo hace. Ustedes prefirieron seguir sus sueños, y sólo el que sueña y sigue sus sueños, evitando la esclavitud de lo indeseable es capaz de alcanzar la victoria. Quien se siente vencido, antes siquiera de mover un pie, vivirá esclavo de sus miedos ¡El éxito te espera! ¡Eres grande!

Yo afirmo que: "Vivir con respeto y dignidad es un derecho inherente al existir". Los primeros que debemos estar convencidos de nuestra valía, somos nosotros mismos. Independiente de nuestras circunstancias económicas o situación migratoria, no somos menos a nadie ¡Somos valiosos!

Los servidores domésticos, los trabajadores del campo, de la construcción, fábricas o minas. Las niñeras y cuidadores de ancianos de este país, son las raíces de esta sociedad, y cualquier otra. No por estar en la base de la pirámide social o pasar desapercibidos para muchos, significa que se valga menos. Todos debemos estar convencidos de nuestra valer. ¡Todos somos uno! Ver: *(Juan 17,11).*

El presidente, los políticos, profesionales o ejecutivos de cualquier nación; es imperativo que trabajen formando equipo con las masas, recordando siempre que sin base no hay cumbre, y sin raíces no hay árbol que se sostenga. Yo exhorto a nuestra sociedad pudiente a meditar esto, mientras no trabajemos en el mismo equipo y por intereses comunes, seremos una sociedad vulnerable a conflictos internos y débiles ante los externos. Somos una familia, cada uno con dones específicos y donde los unos debemos sentir empatía y agradecimiento por el servicio del otro. Todos debemos ser presidentes y campesinos de nuestra propia felicidad. La felicidad de uno sea la de todos y la felicidad de todos, contribuya a la felicidad de cada individuo. Si no aprendemos a vivir como hermanos, estaremos predestinados al auto exterminio como humanidad. No se pueden sembrar frutos amargos y cosechar frutos dulces. Por qué es tan difícil entender esto tan simple para esta humanidad adolescente. Si queremos llegar a la adultez como humanidad, debemos aprender a conducirnos con verdadera sabiduría, y no como muchachos egoístas, avariciosos o envidiosos. ¡Hay para todos! Este planeta es nuestro hogar, y todos debemos estar atentos al bienestar de todos. El sustento nos viene de Dios. A Dios lo respiramos todos los días, está por todos lados y en nosotros mismos. ¿Por qué la duda? Este se dice un país de fe. ¡Mostremos nuestra fe! Les pregunto a esos que desprecian a los indocumentados, porque creen que se están comiendo lo suyo. ¿Qué pasó con esos principios elevados? ¿Están dejándose arrastrar por los ciegos del evangelio? ¿No te das cuenta USA y México, Etc.? El enemigo es astuto para distorsionar la realidad. El momento de la desesperanza y desolación depende del mismo hombre. ¿Nos vamos a dejar comer por el enemigo sin mover un músculo? Preguntémonos: ¿De qué lado estoy? ¡Actúa! ¡Oremos! No puede haber cambios si el cambio no comienza en cada individuo.

Las nubes que en el cielo están, un día se precipitan y terminan en una posición opuesta, pero debemos aprender que arriba o abajo, todos somos importantes en la misma medida en que prestamos servicio. No vale más la corbata que quien la lleva puesta. En el caso del indocumentado; No se le debiera dar más valor al documento que al servicio que presta a la nación. Jesucristo dijo: "El más grande es quien más sirve". Esto no es solo espiritualidad ni religión; Es simple sentido común. Si alguien te sirve; Lo que la inteligencia sugiere es tratarle bien en reconocimiento a su servicio. Es por mucho mejor contar con un buen servidor que con un enemigo. No debiéramos menospreciarnos los unos a los otros, antes bien; apoyarnos, porque, cuando uno crece; crecemos todos con él. Si no se hace por amor cristiano; mínimo por conveniencia ¡Con las discordias, y envidias todos perdemos!

- ¡Busquemos la armonía!

- ¡Encontremos la armonía!

- ¡Conservemos la armonía!

- ¡Evitemos las discordias!

Todos somos parte de una eterna sinfonía universal. Nuestro presente es el resultado de nuestros pensamientos, palabras y actitudes. Los diez mandamientos respaldan esta afirmación. ¡Amemos a Dios! ¡Comportémonos con armonía! ¡Tratémoslo! Entreguémosle nuestros pecados y obscuridades a Jesucristo, porque no los puede tomar si no se los entregamos, y el los transformará para gloria de Dios.

"Dichosos los creen antes de que las cosas sucedan" (J.C.) *(Juan 20,29)* Biblia.

¡Bienaventurado eres tú hombre justo y poderoso; la bendición de Dios te acompañará siempre!

HERMANO INDOCUMENTADO: ¿Quieres ver milagros en tu vida? Usa el poder de la Fe. VISUALIZA, CREE Y ACTUA. Yo aún estoy practicando, pero siempre tengo buenos resultados. Esta recomendación va para todos, no sólo para los hermanos indocumentados ¡Para todos!

¡PADRE DIOS!

En el poderoso nombre de tu hijo Jesucristo, mi Salvador y Señor.

Ten misericordia de

nuestros emigrantes e inmigrantes.

Protege a nuestros hijos de los peligros del enemigo maligno.

Por la Sangre y Obediencia del cordero inmolado; nuestro Señor Jesús.

¡Oh!, Santo, Bendito, Poderoso, Celestial, Hermoso,

¡Fuente de todo bien!

¡Hosannas y Gloria a ti!

Ten piedad de todos los nuestros, los tuyos, los míos,

del mundo entero y de mí, pecador.

Infúndenos tu Santo Espíritu.

Para honrarte y glorificarte en perfección,

en todo tiempo, espacio y forma.

¡En tí confío!

AMEN.

JESUCRISTO ME PERMITE ESCOGER

Una noche estando en sueños, de rodillas y las manos juntas orando a Dios. Siento que una mano se posa en mi coronilla; al voltear; mi alegría es inmensa al notar que es mi Señor Jesucristo, quien de pie junto a mí, me ha tocado y me sonríe, mirándome, como quien mira a un ser muy amado. Me miro a mí misma y a mi Señor Jesucristo en un piso como de mármol blanco en forma de círculo; de dicho círculo emergían varios corredores sin paredes a los lados, parecían casi carreteras en línea recta que flotaban; parecía estar todo soportado por el vacío pero bastante firme a la vez. Estos corredores se perdían en la distancia, de tal manera, que a mayor distancia más grande era el espacio entre ellos debido a la divergencia. Todos emergían del mismo punto, pero a medida que se alejaban del punto de origen; también se alejaban entre sí. Uno de esos caminos, y pese a la inmensa distancia, muy a lo lejos se podía percibir una esplendorosa luz al final del camino. En ese momento; Jesucristo me preguntó: ¿Cuál de todos esos caminos te gustaría recorrer? Yo contesté: ¡Todos Señor! Mi Señor me dijo: Todos los recorrerás si tú así lo quieres; pero sólo uno a la vez. ¿Cuál quieres caminar primero? Aquel que tiene esa bella luz al final; le contesté yo. Ese camino puede resultar muy arduo para tí; me dijo, pero si ése quieres, ése caminarás. ¡Contigo!, Señor ¡contigo! Exclamé feliz. A donde quiera que vayas estaré siempre contigo; me contestó. Invoca a mi Padre, busca a mi Padre y nunca te canses de decirle lo mucho que le amas. No conozco a tu Padre; le dije. Donde está mi Padre estoy yo, me contestó; sólo siénteme en tu corazón y estaré contigo siempre. Desperté y no quería abrir los ojos. ¡Oh!, Dios. Me sentía suspendida en el aire, me sentía flotando. Tenía una enorme sensación de plenitud, como si ya nada me hiciera falta, me sentía inmensamente feliz, pero no era una felicidad excitada, ni llena de risas y carcajadas. ¡No!, No era así. Me sentía llena de paz, de vida, llena de gozo en mi corazón, todo mi ser parecía refulgir de gozo. Nada era visible al ojo humano común, pero yo lo estaba viviendo y sintiendo, era como si todo estuviera iluminado, pero era de noche y en la soledad de mi cuarto. Era como si estuviera rodeada de una nube de amor que me arrullaba, que me acogía, que me protegía, y que me hacía sentir muy importante y muy amada; semejante a la sensación que experimentaba cuando era muy chiquita y mamá amorosamente me abrazaba, pero más intensa, inmensamente más plena. Me sentía y me siento aún hasta el día de hoy muy honrada, privilegiada y bendecida por ese hermoso sueño que considero un regalo de Dios hacia mí y que conservo en mi mente como si hubiera sido anoche que lo soñé.

Otro sueño inolvidable fue cuando estando yo en lo alto de una montaña altísima, desde donde no se veía el fondo del precipicio, mas que pura obscuridad, siendo la montaña de pura roca negra, áspera y cortante. En un momento de descuido perdí la pisada y me precipité al vacío rebotando constantemente en los salientes de la montaña. Al tiempo de ir cayendo, yo pensaba que era imposible salir viva de ésa caída. Después de casi media hora en caída, finalmente llegué al suelo. Cuando me sentí en el suelo, pensé que con seguridad estaría totalmente despedazada. Con gran felicidad descubrí que podía moverme y que no tenía ni un solo rasguño. Sorprendida, volteé a mirar lo alto de la montaña y pude ver que había mucha sangre embarrada por donde yo venía cayendo. ¡No comprendía de quien era esa sangre, mas al voltear a un lado; vi a Jesucristo tirado en el suelo, como muerto, batido en sangre, con su ropa hecha trizas y su rostro, manos y pies sucios y terriblemente dañados, su pelo revuelto y sucio también. Entonces comprendí que él había recibido todos los golpes en mi lugar. Casi inmediatamente vi un tubo transparente con un diámetro aproximado entre los tres o cuatro metros. En su interior se podían ver escaleras en espiral como de cristal a todo lo largo del tubo. Se abrió una puerta en la base, y unos jóvenes vestidos con túnicas muy blancas, mangas holgadas y con un cordel ceñido a la cintura salieron, lo cargaron y se lo llevaron al interior del tubo, el tubo desapareció y yo desperté, esta vez con emociones encontradas. Inmensamente feliz porque lo vi y me salvó y sumamente triste y confundida por la situación en que lo vi, y porque por salvarme; recibió todos los golpes que yo debí haber recibido. Esto tampoco lo puedo ni quiero olvidar. ¡Quiero amarte mi Señor!

¡DEMOS GRACIAS!

Agradezcamos el aire que nos rodea. Hagamos conciencia de la Presencia de Dios en nosotros; y a través de nuestros padres, hijos, hermanos, esposo, esposa, y demás seres queridos.

Pensemos por unos instantes en todo aquello; pequeño o grande que hay que agradecer, y permitámonos, mantener por siempre ese estado de gratitud porque a Dios le gusta que seamos agradecidos, ya que el agradecimiento nos acerca a la felicidad que es Dios mismo.

Preparémonos para recibir una lluvia de bendiciones, recordando que si Dios es lo único que tenemos; tenemos lo único que necesitamos para ser felices.

La Biblia dice en el nuevo testamento que las cosas que ahora vemos, fueron hechas de cosas que no podemos ver y la física cuántica lo confirma cuando habla de la antimateria. *(Hebreos 11,3)*.

Existen infinitas bendiciones, que no podemos ver, esperando a que creamos que pueden ser posibles en nuestras vidas. Sólo cuando creas, las verás manifestarse físicamente.

¡TODO BIEN QUE PIDAS EN ORACION, CREYENDO QUE YA LO HAS RECIBIDO LO TENDRAS! (Palabras de Jesucristo*). (Marcos 11,24)* Sagrada Biblia.

Abrámonos a los milagros y regresemos a una nueva realidad física, bendecidos y saturados, de gratitud al Ordenador Absoluto, y convencidos de que la prosperidad en todo, como en lo espiritual, ya nos ha sido comprada y pagada por las llagas de Nuestro Señor Jesucristo. *(Isaías 53,5)*

El derecho a la felicidad ya nos ha sido regalado, ahora somos nosotros quienes decidimos tomar la decisión de usarlo o no. Si escuchamos las palabras de Jesucristo y las ponemos en práctica estaremos usando ese derecho.

No nos cansemos, de agradecer por lo que recibimos cada segundo de nuestra vida.

Cada vez que oremos; debemos sentir la plena seguridad de que somos amados infinitamente por nuestro Padre creador, Jesucristo redentor y el Espíritu Santo santificador.

¡Gracias Padre Dios, porque existo en tí, y tú existes en mí!

Dame tu Santo Espíritu y me tendrás para tu honra y gloria por siempre; en todo tiempo, espacio o forma; eternamente para tí, en tí y por tí porque; ¡Te amo, te amo, te amo! ¡Gracias!

Alabanza, honor, gloria y poder a nuestro Cristo Jesús.

Cielos y tierra, bendigamos al Señor porque por su sangre fuimos sanados de toda llaga para Dios Padre, nombrándonos amigos e hijos de Dios, reyes, sacerdotes y profetas. Dios Padre, ¡Gracias! Nos das todo poder para en el poderoso nombre de nuestro Señor Jesús, ordenar y vencer a toda fuerza maligna. *(1 Pedro 2,9) (Apocalipsis 1,6) (Efesios 6,10-11) (Romanos 12, 21).*

Digno eres, mi Señor JESUCRISTO de recibir el poder y la riqueza, la sabiduría y la fuerza, la honra, la gloria y la alabanza por siempre.

Alabanza, gloria, sabiduría, acción de gracias, honor, poder y fuerza, a nuestro Padre Dios, por los siglos de los siglos.

Bendigamos al Señor; sanos y enfermos, hozanas, alabanzas y aleluyas démosle a Él.

Bendigan al Señor; agua y aire, fuego y tierra, hónrenle y glorifíquenle por siempre.

Bendigan al Señor; antepasados, presentes y descendientes, honor, al magnífico, al único

Honremos a nuestro Dios todas sus obras. Alabemos al Espíritu Santificador, al Hijo redentor y a nuestro Padre creador en comunión con todos sus fieles en todo tiempo, forma y lugar. Bendito eres, en lo más alto de los cielos, Padre Dios; digno de alabanza, y de gloria, como lo fue en el principio, ahora y siempre, por los siglos de los siglos. Amén.

Este es un tiempo de Dios maravilloso para nuestras vidas, deja que el Señor obre en tu vida porque El es nuestro amparo y nuestro refugio. Su poder vendrá de nuevo y convertirá en jardín lo seco.

¡Bienaventurada eres tú, María madre de Jesucristo; obediente y fiel! Gracias Padre Dios por ella y por cada uno de tus adoradores. Bendiciones a ellos en el nombre de mi Señor Jesucristo; la palabra de Dios encarnada y por quien todo fue hecho y sin él nada existiría. *(Juan 1, 3)* Amén.

CONCLUSIÓN

Hay quienes confunden la prosperidad material con la prosperidad espiritual. Nada que ver. No debemos convertirnos en fanáticos ni de lo uno, ni de lo otro. Cuando nuestra religiosidad pretende imponerse sobre la libre elección del prójimo, estaremos cayendo en el fanatismo religioso. Por el otro extremo tenemos a aquellos individuos que son capaces de las peores atrocidades con el sólo propósito de obtener poder y riquezas materiales. Triste y dolorosamente, estas almas; ya no son dueñas de sí mismas. Su cuerpo está poseído por legiones de energías malignas, manteniendo una batalla constante entre si dentro de ese cuerpo por el control de la materia. Estas almas ya son habitantes del infierno, aunque aún tengan cuerpo, por lo que no conocen la paz interior. No ven nada más allá de lo que los ojos del cuerpo pueden ver. A éstos se refería Jesucristo, cuando dijo: "Habrá quienes teniendo ojos no vean y quienes teniendo oídos no oigan". Ya que estos pobres individuos que se ensucian en los placeres mundanos, lo que menos tienen es fe, pues tener fe es estar convencido de la realidad de las cosas que no vemos. Su miseria y desnudez espiritual es lamentable, mas lo que para el hombre es imposible; para Dios es absolutamente fácil y posible. Nunca es tarde para corregir el camino.

Hermanos en Cristo: Yo los exhorto en el nombre de Jesús a quien tanto amamos, a orar por estas almas perdidas, recordando que Jesucristo vino a padecer sufrimiento y muerte justamente por la salvación de quienes ya tenían su alma esclava de espíritus inmundos. Oremos sin juzgar ni condenar, porque en las causas perdidas para la carne, y en la mayor debilidad es donde se manifiesta la gloria de nuestro Padre Dios. *(2 Corintios 12,9)*.

Dios nos ofrece repetidas veces a través de la Biblia, su provisión divina y su omnipotente apoyo en toda situación de nuestras vidas si creemos en él y nos apegamos a su palabra que nos da la vida eterna. *(Mateo 28,20)*.

Independientemente de cuál sea la denominación religiosa a la que tú pertenezcas. Si crees en Cristo Jesús; por la fe eres salvo y no por obras para que nadie se gloríe, ya que si por nuestras obras pudiéramos salvarnos de la esclavitud del maligno; la muerte de Jesucristo no tendría sentido. Debemos vivir en fe, sin olvidar las buenas obras, puesto que la fe sin obras es una fe muerta. *(Santiago 2,17).*

Lo más triste de la fe muerta, es el engaño, la falsedad. A veces llegan a grupos de oración, cristianos cargando amuletos, o con una cita pendiente para hacer cosas no buenas. Esto es un ejemplo de una fe falsa, depositada en cosas muertas y no en el Dios vivo. Cuando así actuamos; limitamos las bendiciones ya dispuestas para cada uno de nosotros desde el principio de los tiempos. Esta, o la falta de perdón, puede ser una de las razones por las que no se nos facilite experimentar la presencia de Jesús en nuestras vidas. Si confías en Jesucristo, declárate propiedad de aquel que pagó por tu alma derramando su sangre divina, amándonos tanto que extendió los brazos y murió en una cruz. Hagamos conciencia arrepintiéndonos de todo aquello que ofende a Dios.

(Josué 1,4) *"Leerás continuamente el libro de esta Ley y lo meditarás para actuar en todo según lo que dice. Así se cumplirán tus planes y tendrás éxito en todo. Yo soy quien te manda; esfuérzate, pues, y sé valiente".*

(Sirácides 2,1-2) (1) *"Hijo, si te has decidido a servir al Señor, prepárate para la prueba,*

(2) Camina con conciencia recta y mantente firme; y en tiempo de adversidad no te inquietes".

(Isaías 55,6) *"Busquen al Señor ahora que lo pueden encontrar, llámenlo ahora que está cerca"* Que Dios los bendiga hermanos, y sigan gozándose en el Señor Jesús. Amén.

Printed in the United States
By Bookmasters